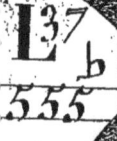

L.b. 2555.

APOLOGIE
DV
REVEREND PERE
CHARTREVX,
CONTRE LE
P. FAVRE,

Sur la Responce à la Harangue faite à la Reyne.

A PARIS,

M. DC. LII.

APOLOGIE
DV
REVEREND PERE
CHARTREVX.
CONTRE LE
P. FAVRE
Avec la Responce à la Harangue faite à la Reyne.

À PARIS.

M. DC. LII.

APOLOGIE, CONTRE LE
R. Pere Faure, Confesseur & Predicateur de la Reyne, sur la responce qu'il a faicte contre la Harangue du Reuerend Pere Chartreux, prononcée deuant la Reyne à S. Germain en Laye.

CE siecle, mon tres-Reuerend Pere, n'est plus forcé d'obseruer la dissimulation ; Le Ciel s'en fasche, Le Roy s'y rencontre pauure & abusé, Les Princes mis au rang des vassaux, La Noblesse destruite, Les Ecclesiastiques sans honneur ny reuerance, La Iustice sans pouuoir, Le Marchand sans credit, L'ouurier sans trauail, Le Soldat sans paye, La veufue sans support, L'orphelin sans nourriture, Les Moynes & Religieux desprisez, Le Laboureur sans cheuaux ny charuë: Et les Vignerons sans cerpettes. Pourquoy donc (par vostre belle Responce) trouuerez-vous à redire à ces belles paroles ; Que, *Dieu est fasché de l'affliction de son peuple ?*

1. Vous me demandez si *Dieu est susceptible de fascheries ?* Ie vous respons que ouy ? Puis qu'il dit par la bouche de Moyse, en l'Exode chap. 10. vers. 5. *Ie suis*

le Seigneur ton Dieu, fort & ialoux, visitant l'iniquité des Peres sur les enfans, &c. Que veut dire cecy, sinon que tous ceux qui le fascheront dans ses commandemens qu'il les destruira? Or, c'est le fascher & le mettre en courroux; Quand sans prendre de luy conseil, on respend iniustement le sang des ames qu'il a creées & formées en sa propre Image & semblance; donc Dieu en ce point & en plusieurs est susceptible, pour nous conseruer de fascheries: Il a horreur de voir vn homme luy desplaire, aussi n'en veut il prendre la peine comme il a fait de le proteger, puis qu'il a si legerement secoué son ioug.

2. *Vous croyez que la France luy soit quelque chose?*
Ha! mon Pere, d'où vous est arriuée cette parole! Quoy! la France, n'a-elle pas esté creée par le propre esprit & vouloir de Dieu? Quoy! tous ses habitans ne croyent ils point en son nom, en celuy du Fils, qu'il a de luy mesme, de soy mesme, & par soy-mesme engendré? Tombe-t'elle en erreur, qu'il n'ayt enuoyé son S. Esprit pour nous illuminer? Ne croy-t'elle pas toutes ces choses? Et n'auez vous iamais leu, *Quiconques croira en mon Nom, & sera Baptisé, iceluy sera sauué.* Or la France & tous les François, croyent au S. Nom de Iesus, & par consequent elle luy est quelque chose: parce que, ce que Dieu fait, il ne le destruit iamais: mais en retirant sa face de sa creature, elle se destruit soy mesme.

3. *Le peuple ne veut viure qu'en guerre, comment voulez-vous que l'on luy ottroye la Paix?*
Ces paroles ne sortent de la bouche d'vn vray François: lequel des plus forts esprits, & mesme de ceux qui ont accoustumé d'agir à la guerre, qui osera dire: Les Parisiens veulent viure dans la guerre & non pas dans

les délices de la Paix : c'est, sauf vostre correction R. P. vne faulceté tres-grande, car ce peuple n'a iamais osé leuer les yeux contre son Roy, que pour le reuerer, l'honnorer, le deffendre de ses ennemis, & mesme osé-ie dire l'adorer? s'il est permis d'vser de telles paroles enuers vne creature. Toutesfois ie ne crains point faillir, puis que toutes personnes sacrées meritent l'adoration. Mais, cher Pere, vous la flestrissez, & non pas seulement cela, mais vous donnez vos sentimens pour l'aneantir de point en point. Est-ce la viure en Religieux? vostre Conuent ne vous seroit-il pas plus duisible, que l'air que vous pouuez respirer dans vne Cour Royale, laquelle n'aspire qu'à mettre à la besface, le Roy & son Royanme, sous pretexte, que le peuple s'est rebellé contre son Prince, ainsi que vous iargonnez cy-apres.

4. *Vous ne considerez pas que tous vos corps sont diuisez : Comment donc en pourrez-vous faire la vraye vnion ?*

Ces paroles, mon Reuerend Pere, ne sont que les ordinairs plats de vostre mestier : tout le monde connoist vos rules, c'est pourquoy il est facile de s'en donner de garde. Vous vsez d'appats pour plus facilement surprendre le poisson. Vostre esprit, & vostre capacité vous a fait connoistre par vos estudes, qu'il fraye, & qu'apres il s'endort sur les eaux aux rayons lumineux & ardens du Soleil. Et que sans beaucoup de peine, on le peut attirer à soy, & s'en substenter. Il n'est plus de saison ; le poisson ne dort plus, il s'est éueillé au bruit des coups de canons, de mousquets, de fusils, & pistolets : il s'est retiré dans son Lact, & s'y tient comme dans vne forte place : c'est en ce point qu'il a fait vne estroite Vnion auec les autres Confreres, ou pour mieux dire, Camarades, & ce bander vnanime-

B

ment contre celuy qui n'aspire qu'à les deuorer tous les iours. Quoy! croyez-vous que ce soit offencer Dieu que de conseruer sa vie contre des aduersaires ennemis, ou des gens qui ne sont nays que pour destruire les autres, lesquels ne demande que le repos & la Paix ? Si nous sommes, comme vous dittes, des-vnis: Il ne vous faut esperer autre chose que ce ne soit sur vous, chez vous, & contre vous, que cette desvnion se rencontrera dans sa force, & non point parmy vn peuple, lequel n'a iamais eu autre recours qu'à Dieu.

5. *Il faut punir les rebelles, & sçachez que Paris s'en trouuera du nombre.*

Pour moy ie ne sçaurois que me mocquer de tout cela: sçachant que iamais Paris, ny ses Concitoyens n'ont esté ny osé estre rebelles contre le Roy, ny mesme enuers ceux lesquels soustiennent la Patrie. Ces discours sont tirez d'vne petite Marotte que vous fistes iouër deuant le Roy, peut de temps apres qu'il fut de retour à son Chasteau de sainct Germain. Il n'en yra pas ainsi, Paris a assez de pouuoir pour vous chastier vous-mesme. Il void tous les iours des gens de vostre faction (sans blasonner vostre Regle) ny vostre robbe, lesquels ne le sçauroient espouuenter. Il s'est fait aux coups, & se mocque de ses ennemis. Il veut son Roy: & vostre Conseil luy deffend de se donner à luy : Que peut-il donc desormais esperer ? Allez, maudit, la rigueur du Ciel tombera, dans peu de iours sur vostre chef, & vous seruirez d'exemple à la posterité.

6. *Il faut croire que la Reyne est iustement indignée, & qu'elle a droit de se vanger de ses ennemis.*

Cét *oportet* n'est pas licite en cét endroit : *Il faut*, n'est plus de saison, ny mesme dans la phrase de parler car i'ose bien demander, à vostre Reuerence, si elle a du sujet de ruiner le Roy, mesme, & son peuple, pour supporter vn Estranger? qui comme vne sensuë la picque sans luy faire sentir qu'vne legere blesseure, que toutesfois ne laisse pas d'affoiblir le cœur de la personne sur laquelle elle c'est appliquée, luy oste ses forces, & enfin la destruit petit à petit. Vous appellez cela droit de ce vanger de ces ennemis. En a-t'elle quelques-vns dans la France? Mazarin & vous, luy font entrer ses fantaisies dans la teste. Et comme tout ne tend que pour vos interests, aussi faites vous en sorte que le Royaume soit obscurcy par les fumées d'vne guerre intestine, afin que l'on ne connoisse pas ce que vous proiettez. Il ne faut plus que vous vous cachiez, vos finesses sont accomplies & descouuertes : Vous ne deuez pas long-temps regner. Vous auez destruit, vous serez consommé, & vostre nom se verra flestry, & effacé de l'Histoire.

7. *Vous dittes, que le Ciel la menace; & ie sçay le contraire, car il versera tousiours sur sa teste ses delicieuses influences.*

Cette imposture, est partie de vostre bouche & non pas de la mienne : Vn aduertissement n'est point vne menace. Qui dit, donnez vous de garde, il y a des voleurs sur le chemin que vous tenez: n'est en rien coupable, si celuy qu'il a aduerty est par iceux destroussé. De mesme i'aduertis que Dieu ne veut point voir le sang de ses seruiteurs respendu sur la terre, autrement qu'il en chastira les Autheurs : Fais-ie mal d'en aduertir. Ie sçay qu'il est iuste & rigoureux dans ses chastimens; Pourquoy me voulez vous empescher d'en parler à ceux dont il veut la conuersion? N'est-il point raisonnable de mettre fin à tous ses desordres? Et il semble, cher Pere, Que vous ne le vouliez pas : Estes-vous

Estranger? La France n'est-elle point vostre Mere Nourrice. A quel suiet donc la voulez vous fouler pour la deffence d'vn inconneu qui ne cesse iournellement de la consommer & destruire. Reuenez vn peu à vous, & ne vous laissez plus doresnauant tomber dans les erreurs de la Cour. Ie sçay que vous aymez le Roy, que vous cherissez semblablement la Reyne, ie ne trouue rien à redire à tout cela, sinon que ie croy que vostre sinceritée est feinte enuers eux, puis que vous supportez celuy lequel peut causer leurs mal-heurs & les nostres: Où! auez-vous les yeux: faut-il que l'on dise: Vn Religieux François, à donné occasion de la ruyne de sa Patrie. Il faut donc que vostre Reuerence obserue ces choses, & ne point adiouster des paroles, lesquelles n'ont iamais esté prononcées.

8. *Vous menassés, & vous estes tout rempli de peur.*

Ce n'est point la peur qui m'a occasionné d'auertir la Reyne, des malheurs qui luy sont prescrits arriuer, au contraire c'est vne hardiesse, que vous mesme n'auez iamais osé entreprendre; Il me suffit de vous dire que cette menasse est preste de tomber sur vostre teste, & que nul de vos flacteurs ne la pourront empescher: Cessez donc de dire que ie suis remply de peur, ie vous fairay voir clairement, que tout ce que ie vous propose n'est qu'auec authorité & hardiesse.

9. *Que pouuez vous esperer de cette guerre qu'vne totale ruyne?*

Vostre Reuerence peut cognoistre que mon esprit n'est pas capable de conceuoir, de quel costé pourroit commencer cette ruyne: Nous ne sçauons que trop les Motifs de cette guerre, & par consequent il ne faut point que vous doutiez, par qui, & comment elle se pourra terminer: La ruyne d'icelle ne tombera que

sur

sur ceux qui en ont esté la cause, c'est pourquoy ie vous
aduertis de bien conseruer celuy que vous supportez.

10. *Pouuez vous estre Prophete & publier le contraire?*

Ie vous responds pour moy que ie ne suis point Prophete, mais seulement annonceur des secrets du Ciel: c'est à ce sujet que ie puis affermir vn peuple chery de Dieu, qui pour vos pechez ne peut viure qu'en crainte. Ces paroles ne sont pas bien adaptées, puis qu'il y peut auoir sur chacune syllable vn contredit: mais ie passeray outre.

11. *Quel don du sainct Esprit auez vous, pour predire les choses futures?*

Vous vous trompez lourdement en cela, mon trescher Pere, le don de predire n'est point en moi, où si'l s'y est rencontré, quel sujet voulez vous qu'il s'en desparte? Du temps des Apostres, Agabus predit vne famine, & mesme la prison de sainct Paul. Ce Prophete disant fermement que Iesus estoit mort pour luy, il croyoit & confessoit son Nom; si ie fais de mesme, ou si ie suit sa piste, pourquoy voulez vous que ie n'aye aussi bien que luy le don du sainct Esprit? Et pour vous monstrer que ce mesme Esprit est mon directeur, mon deffenseur, & mon conseruateur, c'est que si vous persistez aux mandemens du Ciel: Vous ne viurez plus que six mois & six iours. Et en cela vous connoistrez que Dieu m'a donné quelque petite parole du don de Prophetie, parce que ie sçay, qu'elle ne peut tomber en nous que par la vertu du sainct Esprit. Ainsi vostre erreur sera effacée du Liure des viuans, & nul ne fera mention de vous, que pour auoir esté durant vostre vie le soustien d'vn Perturbateur du repos de la France.

12. *Les Prophetes sont morts, & partant il n'y a plus de Propheties.*

Ces paroles me semblent tres-rudes en la bouche d'vn Predicateur; Si les Prophetes sont morts: dittes-moy, s'il vous plaist, estes-vous viuant? Que dittes-vous? Que preschez-vous? Que soustenez-vous, que la pure discipline des Prophetes? Non, mon Reuerend Pere, ie sçay que vous suiuez vn autre sentier que l'on appelle le libertinage, & à ce sujet vous quittez la loy & les Prophetes, pour lascher la bride à l'impieté: Vous en respondrez dans peu de temps, songez-y.

13. *Vos discours ne sont que pour intimider les esprits, & non pas pour les corroborer.*

Que voulez-vous, cher Pere, corroborer quand tous les membres d'vn corps se quittent les vns les autres: Il y a diuision, au lieu où il ne se rencontre point d'vnion; les paroles que vous dittes n'ont aucun fondement, & aussi seront-elles soufflées, parce qu'elles ne tendent qu'à nous prolonger dans vne extreme misere dont vous vous en pourrez à la fin repentir, Il faut que vous croyez que ie n'ay iamais intimidé personne qui fut sur la terre, ie vous conjure d'en faire le semblable; Les esprits de ce temps sont plus forts & affinez que vous ne pensez, mesme le vostre. C'est pourquoy vous ne deuriez pas vser du mot de *corroborer*.

14. *Toutes les paroles de vostre Harangue ne sont que friuoles, parce que l'on ne suiura pas vos conseils.*

Elles seront veritablement de nul effet si l'on suyt vostre conseil, & celuy de ceux qui n'ont autre dessein que de destruire la France, par leurs faux rapports & entretiens enuers celle qui deuroit iouyr d'vne Paix longue & perdurable, occupant le Nom de Mere des François.

15. *Dieu est iuste, & nous esperons qu'il chastira ceux qu'il l'ont merité.*

Vous n'auez iamais prononcé vne parole plus veritable. Asseurez-vous que vous en verrez dans peu de iours l'effet : Vous cognoistrez que Paris sera exempt de cette menace, & qu'icelle tombera sur vous, puis que tous vos conseils sont iniques & temeraires.

16. *N'esperez pas que le party que vous soustenez, puisse auoir le dessus ?*

Ce n'est, pas cher Pere, ce que nous demandons, il nous suffit d'estre au plus bas lieu ou nous nous soyons iamais rencontré : & partant vostre croyance est fauce. Car il vous semble que le party que nous tenons, soit pour nous : Il n'en va pas ainsi. Nostre cœur est pour nostre Roy, & partant il nous est licite de regimber contre l'ennemy de son repos & du nostre, ainsi vous ne pouuez douter, (la cause estant iuste,) d'auoir le dessus.

17. *L'on vous fait croire, que c'est nous, qui respandent le sang innocent du Peuple : Vous vous trompez.*

Il me semble que vous allez contre les sentimens de la raison : N'est-il pas vray, que Baal fit perir vne tresgrande quantité du peuple Israëlite, par son dissimulé Conseil. Vous en voulez faire de mesme, car sous ombre de pieté, vous donnez place à l'insolence & à l'impieté. Vous, vous trompez vous mesme, considerez que mes paroles n'ont esté prononcées, que pour la Paix, & les vostres au contraires ne respirent que la guerre, le sang, & la confusion.

18. *Et quand bien cela se proueroit, N'est il pas permis au Roy de faire ce que bon luy semblera de son peuple ?*

Ie vous responds, que non, Que Dieu est Createur du peuple, auant qu'il fut electeur d'vn Roy. le Peuple lui ayant demandé, il le doit aymer & cherir. Cete puissance venant du Ciel, il n'est pas besoin d'en abuser, le Roy est Roy, & sera tant que le Ciel luy aura borné ses années, & apres luy vn autre, & partant vous deuez considerer que le regne des Roys ne fut iamais permanent, & qu'ils ne peuuent faire que ce que Dieu veut: Or Dieu aime ceux qui le cherissent, Comment voulez vous qu'il delaissent les Parisiens, qui le connoissent & l'adorent? Seroit-il meurtrier des ames qui ne cesse de confesser son nom? Auroit-il fait vn second monde pour le destruire? Non, non, cher Pere, vous le confessez vous-mesme qu'il est tout misericordieux: Et bien que quelquefois il punisse l'innocent aussi bien que le coulpable, il ne faut pas tirer consequence de cela, car vous vous pouuez asseurer de receuoir les chastimens, & les ardeurs de sa iuste colere, Pere, prenez y garde, & ne secoüez plus le ioug de son obeissance.

Pourquoy n'aura-t-il pas le pouuoir de le destruire, s'il l'a offencé? Et d'en eslire en sa place vn meilleur, & plus obeyssant?

Ie vous prie de me respondre, cher Pere, en quel endroit vostre pensée se porte-t-elle? Que vous croyez qu'vn Roy peut & a pouuoir de destruire son peuple & les Sujets? De qui le Roy est-il fabriqué? De Dieu, me direz vous, si il est petry de la main de Dieu, il ne doit pas fouler ses semblables? N'est-il pas dit dans les Pseaumes, *vous estes Dieux*. En ce rencontre ie ne parle point ny du Roy, ny de ceux qui luy doiuent estre sujets, mais seulement *aux fils des hommes*, qui l'adorent & le reuerent. A vostre conte, il faudroit que Dieu eut destiné vn destructeur, au lieu d'vn Oinct. Et ainsi il se rencontreroit que Dieu seroit coulpable de tout ce qui se commet icy bas. Or Dieu ne peut pecher, ny ceux qui croyent fermement en luy, Car il a dit: *Ie les mettray* anay de Paris par de si vehementes tempestes, & se destruyay ceux qui les opposerent. Nous voyez par là qu'il n'est permis à vn Roy de destruire ce que Dieu a fait, ains à luy mesme, Et il ne se trouue dans toutes les Escritures qu'vn seul & memorable chastiment. Il n'est plus temps de craindre des deluges, ny des embrasemens celestes; Il suffit qu'il y a plus de cinq hommes de bien & iustes dans Paris, pour destourner l'ire de Dieu. Vos discours, cher Pere, deuant sa face, ne le pourront faire tourner qu'à vostre destriment. Et sçachez qu'il n'est point de peuple en tout le monde, qui aiment & cherissent auec plus d'ardeur leur Roy, que des Parisiens. C'est donc à tort que vous faites telles imprecations contre luy, & que vous donnez des conseils pour chercher sa ruine.

20. Les Loix ne permettent-elles pas aux Roys de faire ce que bon leur semble? C'est iamais pû rencontrer quelques vns que les aye pû empescher?

Ie vous responds que les loix sont aussi bien pour les Rois, que pour le peuple. Et que quand vne loy est forcée, elle destruit & met à neant les Empires, les Royaumes & les Principautez. Les Loix ont cela de propre, de conseruer & tenir en bon accord toutes choses: mais ceux qui les empeschent d'agir, sont appellez tyrans. C'est pourquoy vous touchez ceste corde: parce que vous souffrez vn Tyran Estranger, lequel derobe la France, & son legitime Roy, lequel, dis-ie, met les armes aux mains des Princes, & bref qui n'est icy que pour nous consommer. Ne sçauez vous pas qu'il est bien aisé d'esmouuoir vn peuple, mais tres-difficile de l'appaiser. Platon nous apprend ces choses. Vous ne l'ignorez pas, & pourtant, vous croyez qu'il n'y a nul danger de faire d'autres habitans de ladite ville Capitale

D

du Royaume, & ceux de Paris. Ouurés vous les yeux, ne pouués-vous pas iuger qu'il est tres-dangereux de vouloir tollir & l'honneur & la vie à vn peuple que vostre bon zele a rendus aguerris par sa tyrannie. Paris sera touiours Paris, & vous ne serez pas touiours auprés de la Reyne ny de Mazarin. Vous pensez de confondre vne ville, mais sans doute, vous iouëra vn mauuais party. Ne croyez pas que ie vous die cecy par menaces: car ie vous puis asseurer qu'il vous arriuera quelque malheur dans peu de iours, les entreteneurs de discordes n'ont iamais eu que des disgraces: c'est pourquoy ie vous reprocheray, & diray les mesmes paroles que vostre esprit temperatif à suggerée.

D'où vient donc que vous dires si lourdement? faut-il qu'vn esprit comme le vostre se laisse emporter à des folies.

Ces mots vous appartiennent mieux qu'à moy, vous ne sçauez pas les sagesses, ny moy les folies: si ie vous resemblois, vous me verriez couuert de vostre estoffe: vn fol croy que tout le monde luy resemble, vn medisant en fait le semblable: Et il se rencontre ordinairement qu'vn Religieux en blasme vn autre. C'est la fatalité du temps, mais à quoy il est difficile de le corriger, puis que les Docteurs Courtisans sont ceux qui font les plus grandes fautes.

N'auez-vous autre chose pour occuper vostre esprit qu'à estudier, & mettre dans les plus sensibles sentimens de la Reyne, qu'il faut qu'elle s'humilie, & qu'elle ottroye la Paix à son desauantage.

Ces paroles sont sorties de vostre bouche, & non pas de la mienne. Il est vray que i'ay parlé d'humilité à la Reyne, mais, mon R. Pere, vous ne trouuerez point que ce soit en cette façon, c'est pourquoy ie ne veux y respondre & passeray outre: toutesfois auant quitter

115

cette article, ie veux bien vous aduertir qu'il est temps de luy donner de bons Conseils, ou autrement vous vous en trouuerez mal, & elle aussi.

23. En quel endroit de la Saincte Escriture trouuerez-vous, Qu'il faille qu'vn Seigneur se prosterne deuant ses sujets.

Sans beaucoup chercher, Vous sçauez qu'Abimelech Roi de Gerar, s'humilia deuant Abraham; Que les fils du Patriarche Iacob, firent humble reuerence à leur frere Ioseph qu'ils auoient vendu par enuie. Et afin de n'estre point prolixe, Iesus mesme s'est humilié, lors qu'il laua les pieds de ses Apostres, & continua iusqu'à la mort de la Croix, ce n'est pas vn crime que l'humilité, au contraire, c'est vne tres grande vertu.

24. N'auez-vous iamais leu dans les Sacrez Cayers, les droits que Dieu prescrit par la bouche de Samuel au premier Roy des Israëlites Saül, disant, tel sera le droit du Roy, &c.

Nul n'ignore cher Pere, que nos biens & nos possesions, ne soient au seruice du Roy: mais de dire qu'il nous les puissent tollir, vous ne rencontrerez point cette parolle dans les Escritures. Vn Roy est estably pour conseruer & deffendre ses sujets, & non pour les oppresser ny molester. Il est Roy, & Pere, & partant ce luy seroit vne inhumanité, de par trop chastier ses enfans, Il est dit que le Roy prendra vos fils & vos filles : mais seulement pour s'en seruir auec honneur, & luy subuenir en cas de besoin, comme si le Roy estoit attaqué de ses ennemis, son Peuple le doit assister & ne le iamais laisser sans puissance: mais si vn Roy veut, par vn mauuais conseil, destruire le peuple que Dieu luy a mis entre ses mains, il n'est plus Roy, ains tyran. Or en cette guerre ci, il

n'en va pas de mesme, parce que ce n'est pas le Roy qui nous persecute, ains son Ministre, & son Conseil que vous soustenez: c'est pourquoi les droits du Roy se perdent tous les jours. Et tout ainsi qu'autrefois vous portiez la besace, vous voulez qu'il vous imite & qu'il en fasse de semblable. Et pour vous montrer que tout n'est pas juste aux Rois: Saül dont vous parlez, ne fut-il pas chastié & spolié de son Royaume, pour n'avoir pas obey aux mandemens de Samuel, mesme Dieu permit qu'il se tuast luy mesme, ne laissant obcupper aucuns de sa lignée le trosne d'Israël. David qui luy succeda, ne fut-il pas repris pour l'adultere de Bersabée? Salomon ne fut-il pas chastié pour son idolatrie? Achab ne perit-il pas pour avoir tué Nabot? Et quantité d'autres, que vous sçavez, sans rechercher nos Historiens. Il ne faut donc point que vous flattriez. Il est la saison de verité, elle doit regner ou jamais. Quel profit avez vous, ou quel advantage tirez vous du discord, que nous voyons presentement dans nostre France? Ne devez vous pas plustost appaiser la Reine que de luy mettre dans l'esprit des desirs de vangeance? Quoy? sera-il dict, qu'un Religieux François, donne Conseil de destruire sa patrie? Non, non, Cher Pere, revenez à vous, songez que les Rois meurent aussi bien que les plus mecaniques, & qu'il ne faut qu'un moment pour nous faire rentrer d'où nous sommes sortis. C'est pourquoy il vous est beaucoup meilleur de parler de Paix que de guerre, & plustost appaiser l'Ire de Dieu que de le courroucer: comme si le Roy s'estoit attaqué de les entendre dire, Pourquoy avez vous regimber contre l'éguillon? Ie vous responds, que ma Regle ne peut & n'a puni, mais me sortir hors de ses limites, mais bien la vostre, puis qu'elle a vousu par plusieurs fois absous de tels
pechez,

pechez: C'est pourquoy vous ne deuez pas estre esmer-
ueillé que le Ciel vous ait fait naistre pour vous reduire
au mesme neant, sans monstrer aucuns fruicts que vos
mauuais conseils, vos auarices & vos lubricitez. Ie parle à vous & non à autre, sçachant que vous auez assez de
capacité de me respondre, & par consequent cognoistre
& quitter le vice auquel vous estes enclin. Ne sçauez
vous pas que sainct Paul fut le premier qui combatit
contre la lumiere? Cette lumiere eut le dessus sur luy,
& partant il cogneust que ce n'estoit plus la lueur d'vne
lumiere, mais vn Dieu tres-visible & apparent. Or
quiconque veut de gayeté de cœur offenser vn Dieu, il
est licite de dire à celuy-là, *tu veux regimber contre l'e-
guillon.* Ainsi, cher Pere, vous pouuez voir le contraire:
Le peuple contre lequel vous portez vos paroles, n'est
pas né de cette trempe, & par ce seul motif il n'est point
susceptible de reprehension.

N'est-il pas vray, que voila le tesmoignage, *la force,
la domination, & la seigneurie de tout ce que peut contenir
vn Royaume.*

Ie responds, Que la force ne tesmoigne que la rigueur? Que la domination n'aspire qu'à destruire toutes choses lesquelles sont construites? Et que la Seigneurie est plus douce? Dittes-moy: En quel liure ou
Histoire, auez-vous leu que la force ait pû agir de
soy-mesme? Et en quelque endroit que la rigueur ait
passé, s'il y a quelques vns qui l'ait recogneüe? & que
la destruction en soit venüe iusques à l'obscurité? Il ne
faut donc pas dire, que ces choses soient permanentes,
puis que le mesme Seigneur qui les a construites, &
establies, & mis au nombre de quelques choses les peut
destruire & du tout anneantir?

Voulez-vous soustenir que nos biens, nostre sang, &

E

mesme nos vies, ne soient pas sous l'absolu pouuoir du Roy, & qu'il peut agir en cela, par les forces qu'il veut donner à son premier & fidele Ministre?

Ie me vous respondray rien à tout cecy, que c'est non pour les tyrannies du Roy, mais de celuy qui luy sert de Courtisan & Ministre; Et vous diray, cher Pere, que nos biens, nostre sang, ny mesme nos vies, ne sont point sous l'absolu pouuoir du Roy, ny mesme n'y peut pas agir par les plus grands forces de son mignon Ministre. Les Roys sont Roys, & le Ciel leurs annoncent les secrets du Dieu qui les a fait naistre, c'est pourquoy il ne faut pas croire qu'il ayent plus de forces en leurs personnes, ains seulement vn commandement sur ceux qui luy veulent obeyr; à moins de cela, cette authorité se diminuë, & l'on ne peut connoistre qui est celuy qui doit dextrement gouuerner le peuple. Et quand bien le Roy auroit pris quelque affection auec vn Estranger, ce seroit contre les Loix, & ne pourroit qu'en receuoir vn digne chastiment: ainsi que receut le Roy, Saül, pour auoir exempté de mort le Roy qui luy faisoit la guerre. Or il est tres euident que Mazarin nous fait la guerre, pourquoy voulez vous que nous luy pardonnions, puis qu'il n'a autre desir que d'espencher nostre sang? Vous sçauez que Dauid ne pût obtenir de Dieu de construire son Temple, parce qu'il auoit trempé ses mains dans le sang. Il ne dit, remarquez bien, *dans le sang de tes ennemis, mais bien celuy de ton peuple*: & partant il ne te sera loisible d'edifier ma Maison. Voila donc vn commandement fait à Dauid de la part du Seigneur, lequel l'auoit trouué selon son cœur: & pourtant à cause de quelque petite offence, que le peuple d'apresent n'estime comme vn rien: le voila détrosné; Salomon apres luy, & son fils Roboan suiuit sa piſte : Voila donc la maniere, comme l'authorité des Roys prennent priſe ſur les peuples : ils ont du cœur & peuuent quand beau & bon leur ſemble, abatardir ceux que leur Prince & Maiſtre aiment & cheriſſent.

28. *Il n'eſt plus temps de leuer l'oreille, il n'eſt plus de ſaiſon de ſecoüer le ioug de l'obeyſſance.*

Ces paroles R.P. ne me choquent pas ; car ie ſçay qu'ils vous appartiennent mieux qu'à moy ; c'eſt pourquoy vous y deuriez prendre garde.

29. *Le Roy ſera Maiſtre, & non pas Valet.*

Il n'y a nul bon François, cher Pere, qui voulut ſeulement y ſonger : nous ſçauons qu'il eſt noſtre Roy, Pourquoy le connoiſtrions nous de ce titre : ſi nous ne luy voulions obeyr ? Mais ie vous diray en paſſant que nous n'obeyrons iamais à Mazarin, c'eſt pourquoy vous perdez temps d'eſcrire telles ou ſemblables choſes.

30. *Il peut deſtruire & conſtruire : il peut chaſtier & abſoudre, il peut mettre vn frein en la bouche de ſes peuples, & les mener à courbet, &c.*

En quel Canon, auez vous rencontré ces paroles, *deſtruire & conſtruire, chaſtier & abſoudre* ; Nul que Dieu ne le peut faire, & partant vous vous trompez lourdement : ie ne ſçay pas à quoy vous ſongez ? Cette erreur ne peut eſtre ſupportable. Et encore par ces paroles ſuiuantes : *Il peut mettre vn frein en la bouche de ſes peuples, & les mener à courbet.* Quoy donc, il faut que nous croyons, par voſtre meſme penſée, que Dieu nous ait donné vn Roy tyran ? Il n'eſt pas ainſi, & ne le ſera iamais, parce que les Pariſiens ont trop de cœur, pour ſe laiſſer tomber dans de ſi horribles ſentimens : ils reconnoiſſent leur Roy ſorty des Iuſtes, & partant ils ont droit de le demander, & de confondre ceux qui l'empeschent de le venir voir, & d'habiter en paix auec eux.

31. *Il est temps & iuste de punir vn peuple rebelle, &c.*
Cher Pere, si vostre desir estoit accomply vous seriez des premiers pris : parce que vous estes triplement rebelle : En premier lieu, dautant que vous ne taschez, par vos conseils que de destruire toute la France. En second lieu : que vous estes porté pour vn Estranger, lequel enfin vous consommera. Et tiercement : que vostre langue est maligne, & qu'elle ne fait autre faculté que d'esloigner loin de nous la Paix. Est-ce ainsi qu'il faut agir ? vostre Reigle vous commande t'elle de faire vne semblable chose ? Il ne faut plus que vous sucçiez le sang, Pere, il vous faut mourir aussi bien que moy : & deuant le tribunal du tout Puissent, nous verrons lequel de nous deux se rencontrera le plus iuste.

32. *Il est plus aisé de faire vn nouueau peuple, que corriger celuy de Paris, &c.*
Cette pensée ne me semble pas bien timbrée, & voy qu'elle ne prouient que d'vn esprit entierement brouillon. En quel endroit c'est esuanouy vostre respect ? Où auez vous laissé vostre Theologie ? Quoy faut-il que vous preniez de si mauuais arguments pour appuyer vostre Rethorique ? Ie ne m'estonne plus de ce que l'on a tousiours dit de vous. Reprenez vn peu vos sens, & me dittes, s'il est aisé de faire vn nouueau monde ? A qui telles choses appartiennent elles sinon à Dieu, & non pas à la creature ? mais vous vous seruez de son Nom pour vous perdre. C'est vne erreur tres claire dont iamais personne ne tombera en doute que vous mesme. Vos sentimens seront tenus apocryphes, & vous verrez regner la verité à l'encontre de vous. Comment osez-vous prescrire le iugement de mort & de
con-

condamnation, contre Paris : puis que c'est vous mesme qui deuez expier les fautes que vous auez commises à l'endroit de milles ames, qui respirent l'air, & loüent Dieu dans son enclos, Songez à vous, il en est temps : car ie proteste deuant luy que vous ne serez pas tousiours en Cour, & qu'il vous faudra rendre conte de vos actions, & des meurtres, violemens & insendies que vous croyez, & faites croire à la Reyne que le tout n'est que bien fait.

33. *Les Prophetes de nostre temps ont tousiours tesmoigné que le Roy seroit Roy absolu, & qu'il auroit la force de chastier ses ennemis.*

Ie suis rauy de ces paroles, R. P. parce qu'elles authorisent les Prophetes, tant du temps iadis que du present siecle : & en cela recognois vne tres-grande variation en vostre esprit : car vous auez dit, *Les Prophetes sont morts, & partant il n'y a plus de Propheties*. Ainsi chacun peut voir clair en cette affaire : & tous les Prophetes ne sont pas morts : puis que vous le testifiez vous mesme, en disant, *Les Prophetes de nostre temps*, &c. Il y a donc des Prophetes : Mon Reuerend Pere, ouy, il y en a qui predisé : Que si vous n'ostez les erreurs que la Reyne a conceu contre les Parisiens : que vous periclitez, songez-y, cela vous touche & vous regarde.

34. *Vous dittes que les Parisiens ne luy veulent point de mal : mais d'en vouloir à sa Mere, & à son Fauory. Que vous en semble-il ?*

Ie responds qu'en ce point ie ne dis que la verité : Les Parisiens ayment leur Roy : ne cherissent pas moins la Reine sa Mere : mais ils ne peuuent supporter qu'vn meschant & veritable enchanteur les puissent approcher : c'est pourquoy ils ont droict & vous auez tort de les blasmer. Et sçachez que cette insigne trahison dont vous parlez, n'arriuera iamais de leur costé, quoy que vous la predisiez, ains plustost du vostre.

35. *Ie dis cecy : parce que ie ne veux point vser de la science qui apprend à borner les heures & les iours.*

Vous faites bien de vous excuser de cette façon : car ie la trouue honneste, aussi crois-je vostre esprit entierement attaché à la terre de la Cour, qu'il ne peut ietter sa veuë iusques aux voutes

F

etherees. Et ainsi il vous est difficile de sçauoir ce qui peut estre borné, tant à Paris, qu'en la Cour, ou vous viuez contre les Statuts de vostre Reigle.

36. *Vous auez parlé par authorité: mais ie verray vostre temerité abbaissée iusques en terre, & pourrez aussi crier, Peccaui, si on vous en donne le loisir.*

Si i'ay parlé par authorité, sçachez que i'y ay esté contraint par le Ciel, & qu'il m'a commandé de dire les paroles que i'ay proferées, & croyez que vous ne verrez iamais cette temerité, dont vous enflez vostre discours, s'abbaisser, ny mesme crier *Peccaui*, que pour mes offences particulieres: mais ces paroles vous regardent & vous menassent de pres, elles vous talonnent & vous n'y prenez pas garde. Asseurement vostre iugement est faux, & vous donnez sentence contre vostre prochain, laquelle tombera bien-tost sur vostre teste. Vos aduis ne sont pas permanens pour me retirer des secrets obscurs de la Prophetie, puis que vous croyez (par la rencœur que vous auez conceuë contre moy,) que i'en aye le don.

37. *Vostre habit est considerable, mais vostre Regle vous deffend d'en abuser.*

Lequel de nous deux abuse de son habit & de sa Regle? Dieu le sçait, & i'en laisse le iugement aux esprits mieux conditionez & plus penetrans que le vostre. Ma regle me deffend de suiure la Cour & ses delices, aussi ie ne le puis, ny le veux pas faire: La vostre vous apprend-elle à subpriner l'esprit de la Reyne, afin de miner son peuple, en quel endroit sainct François a-t'il fait & commandé ses choses: Reuenez à vous, cher Pere, & considerez que ie soustiens mon vœu, & que vous destruisez le vostre. Faites mieux doresnauant, afin que vous puissiez appaiser l'ire de Dieu, laquelle sans cesse vous menasse.

38. *Les prieres doiuent estre vos occupations iournalieres, & non pas les affaires de l'Estat.*

Les vostres, mon Reuerend Pere, à qui seruiront-elles, ie me peux ressentir qu'aucunes personnes du monde ne s'en sentiront, parce que vous n'en faites point du tout, ou si vous en faites quelques-vnes, ce n'est que des imprecations: & non pas des Oraisons, que vous laschez tous les iours contre vn peuple affligé, lequel enfin Dieu soulagera malgré vous, dans peu de

iours. Et ce que vous dittes que mon desir est de faire souleuer
vn peuple contre son Roy, sauf vostre reuerence, & le Cara-
ctere que vous portez, cela est faux. Et nul Moyne, qu'vn Re-
negat ne me l'oseroit soustenir.

39. *Le sang qui s'est iusques à present respandu, s'est iustement, &*
encor celuy qui par cy apres se respandra.

Hé bien, quels discours sont-ce là, telles paroles deuroit-
elles sortir de la bouche d'vn Religieux? Quoy! le sang qui se
respand si iustement dans le temps qui court, est necessaire, &
c'est iustice que de l'espancher? Où pouuez-vous trouuer cette
maxime que dans les entrailles de l'Enfer? Ie vous aduertis de
prendre garde de ne plus dire de tels, ou semblables discours,
autrement ie vous puis asseurer que Dieu iuste vangeur des ini-
quitez, vous escrasera la teste.

40. *Vous ne deuez point chanter dans vostre Cantique, &c.*

C'est amuser des esprits que prononcer de telles paroles. Est-
ce la bonté de Mazarin qui destourne les troubles de la France?
Est-il digne Ministre de l'Estat? Est-ce le Ciel qui a suggeré vn
tel personnage? C'est plustost l'Enfer & les Demons qui y font
leur habitation. Comment pouuez-vous prouuer, qu'il est necessaire qu'vn tel personnage nasquist en la meilleure terre du monde qui
est (à ce que vous publiez) l'Italie pour le bien & la conseruation
de la France? Ie le sçay. C'est par des gras morceaux que vous re-
ceuez de cét Eminentissime destructeur de la France, & de ses
alliez. Il est bien en bonne terre, mais il apporte chez nous qu'vn
abominable fruit, lequel ne peut nourrir que les discors, & la
guerre. Cette terre est Sicilienne, c'est pourquoy il desire pour
la seconde fois y eriger le sepulcre de la France & des François.
Il est iuste que vous croyez que nous ne sommes plus Vespertins,
mais Matutins, & que nous auons les yeux ouuerts pour des-
couurir vos fourberies.

41. *Vous estes remply de moult, & comme ennuyré, quand vous*
prononcez ces paroles : c'est vn destructeur.

Ie vous prie par charité, respondez-moy s'il est autre? C'est
ce que iamais vous ne pourrez prouuer? Et partant ne dittes
point que c'est vn esprit conseruateur de toutes choses, car nous
le sçauons bien. Et nous sommes frustrez des salaires de nos la-
beurs, parce qu'il a cette qualité de Conseruateur. Mais disons

mieux, & considerons que c'est pluſtoſt Deſolateur: car pouuez-vous nier qu'il ne nous aye pas ſuffiſuement volé, & tous les Habitans de Paris. Il eſt vray que ce tiltre luy appartient, puis qu'il ſçait auec aſſeurance, prendre tout, & en faire ſelon ſon bon plaiſir, d'autant que l'on luy permet. Et ſçachez que ma langue n'a iamais paſſé mes dents, qu'entant qu'il s'eſt trouué raiſonnable. Que ie ne ſuis pas aſſez fort pour intimider les forts & timides eſprits. Que l'air de la Cour vous a apris ces choſes, Que mes plaintes ſont legitimes, & que mes paroles ne ſont point imperieuſes?

42. *Que vos Propheties ne ſortent iamais de voſtre Conuent, puis que le tout les obſcurcit.*

Ma demeure n'eſt point ſuiette à vos loix, & partant il m'eſt licite de ne vous point obeyr, ſçachez que mes Propheres ſortiront de chez moy, & que ce ne doit eſtre qu'à voſtre deſ-auantage: Il vaudroit mieux pour vous de ne pas vſer de ſes mots, *Vocaux* & *Menteurs*, parce qu'ils monſtrent euidemment voſtre ſupercherie, & l'on ne peut douter que vous ne ſoyez griefuement puny, pour auoir ſupporté le deſolateur de la France.

43. *Qu'il y ait vn frain en voſtre bouche, &c.*

Reuerend Pere, ce ne ſera pas vous qui luy mettra: car vous n'en eſtes pas capable: ie parleray iuſques à la mort, voire la plus cruelle que l'on me puiſſe preſenter. Mes abſtinences ſont ſeules capables de me deſfendre de vous & de mes ennemis. C'eſt pourquoy ie ne m'eſſaye de gagner le cœur de la Reyne, ny chery de ſes plus grands fauoris, ny meſme d'eſtre eſleué à des dignitez où ie n'aſpireray iamais, ny ſeulement y ſonger. Et vous proteſte que ie ne veux viure ny mourir, plus heureux & plus ſatisfait que ie ſuis. Corrigez-vous, & vous me corrigerez: c'eſt ce que vous peut annoncer vn Religieux de bonne volonté.

A Dieu.

FIN.

www.ingramcontent.com/pod-product-compliance
Lightning Source LLC
Chambersburg PA
CBHW062000070426
42451CB00012BA/2369